ÉTIENNE MOREAU-NÉLATON

MÉMORIAL DE FAMILLE

TABLEAUX
GÉNÉALOGIQUES

MÉMORIAL

DE

FAMILLE

ÉTIENNE MOREAU-NÉLATON

MÉMORIAL

DE

FAMILLE

TABLEAUX GÉNÉALOGIQUES

PARIS
ÉDITÉ PAR L'AUTEUR
1918

Famille MOREAU. — Tableau I.

Louis
MOREAU
menuisier
1604 ou 1609 † avant 1670
marié avant 1635 à
Martine
MERCIER

Anne
MOREAU
1635 † ?

Magdelaine
MOREAU
1637 † ?

Louis
MOREAU
1639 † ?

Jehan
MOREAU
1641 † ?

Louis
MOREAU
marchand poulailler
1644 † 1715
marié en 1670 à
Françoise
REMEAU
(de Sorigny)
1651 † ?

François (?)
MOREAU
1646 † ?

Aimé
MOREAU
1648 † ?

Nicolas
MOREAU
1650 † ?

Jacques
MOREAU
1651 † ?

Claude
MOREAU
1651 † ?

Isabelle
MOREAU
1653 † ?

Louis
MOREAU
1671 † 1674

Gilles
MOREAU
1674 † ?

Louis
MOREAU
marchand de blé
1675 † ?
marié avant 1703 à
Jeanne
LHOSTE

André
MOREAU
1677 † ?

Nicolas-Louis
MOREAU
1679 † ?

Louis
MOREAU
marchand de blé
1703 † ?
marié en 1726 à
Catherine
VINERIÉ
? † après 1780

Jeanne
MOREAU
1706 † ?

François
MOREAU
1708 † ?

Jean
MOREAU
1709 † ?

Marie-Marguerite
MOREAU
1711 † ?

René
MOREAU
1713 † ?

Jeanne
MOREAU
1715 † ?

Claude
MOREAU
1717 † ?

Marie-Madeleine
MOREAU
1719 † ?

Louis
MOREAU
1728 † 1809
marié en 1761 à
Marie-Françoise
GRELOT
(d'Aubigny)
1735 † 1816

Claude
MOREAU
1733 † 1819
marié à
Madeleine
PIART
? † 1821

?

Voir Tableau II.

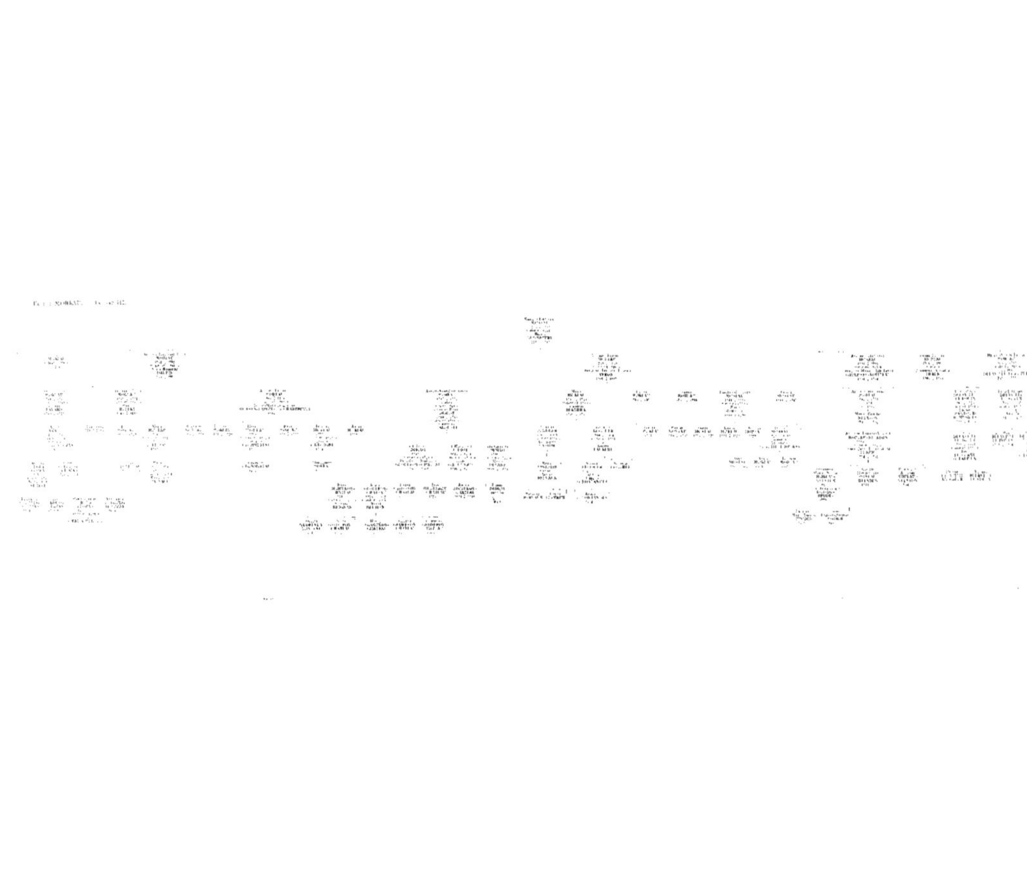

Famille CUGNARDEY.

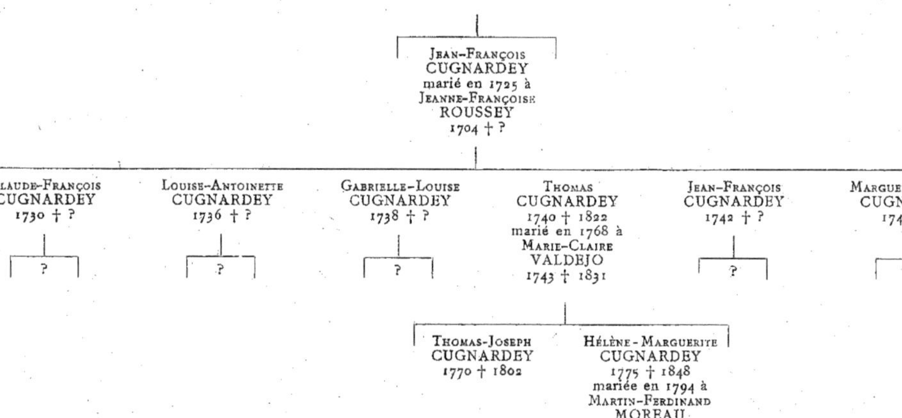

Voir : Famille MOREAU — Tableau III.

Famille LAURIAU.

SIMON
LAURIAU
? † avant 1778
marié à
1° X
2° MARIE-JEANNE
HERSANT
1730 † 1778

| (1) MARIE-THÉRÈSE LAURIAU | (1) MARIE-MADELEINE LAURIAU mariée à JEAN-GABRIEL GOFFESTRE marchand layetier | (1) ABRAHAM-SIMON LAURIAU marchand fripier marié à MARIE-MARGUERITE HARDIVILLER | (2) MARIE-JEANNE-ELISABETH LAURIAU mariée à NICOLAS-FRANÇOIS FOURNIER maître chandellier | (2) JEANNE-THÉRÈSE LAURIAU | (2) LOUIS LAURIAU marié 1° en 1778 à MARIE-JEANNE ROUSSEL 1747 † ? 2° en ? à MARIE-GENEVIÈVE-DÉSIRÉE DALLERET 1759 † 1830 |

MARIE-LOUISE
LAURIAU
1767 † 1825

| (1) MARIE-LOUISE LAURIAU 1779 † 1852 mariée en 1804 ? à ALEXANDRE-PIERRE-FRANÇOIS NÉLATON 1769 † 1812 | (1) PIERRE-LOUIS LAURIAU 1780 † 1802 | (1) THÉRÈSE-VICTOIRE LAURIAU 1781 † 1825 |

Voir : FAMILLE NÉLATON.
TABLEAUX I ET II.

Famille HÉLUIS.

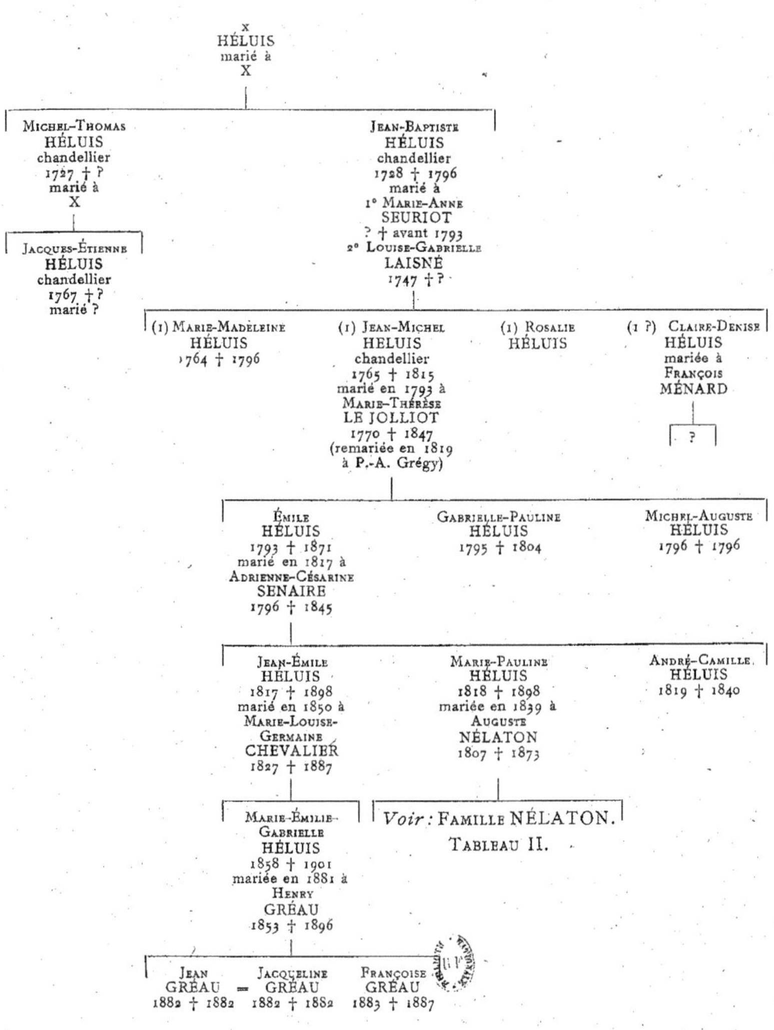

Famille SENAIRE.

François
SENAIRE
(de Germigney)
1729 † 1794
marié à
Marie
REVOY

X SENAIRE	Jean-Baptiste SENAIRE	André SENAIRE	Louis SENAIRE	X SENAIRE
mariée à X (de Bargille-lès-Marney, Doubs)	1756? † 1836 marié en 1794 à Anne-Marie THABOUREY 1759 † 1835	(établi à Paris) marié ?	(établi à Brie-Comte-Robert) marié ?	

Adrienne-Césarine
SENAIRE
1796 † 1845
mariée en 1817 à
Emile
HÉLUIS
1793 † 1871

Jean-Baptiste
SENAIRE
1798 † 1848

Voir : Famille HÉLUIS.

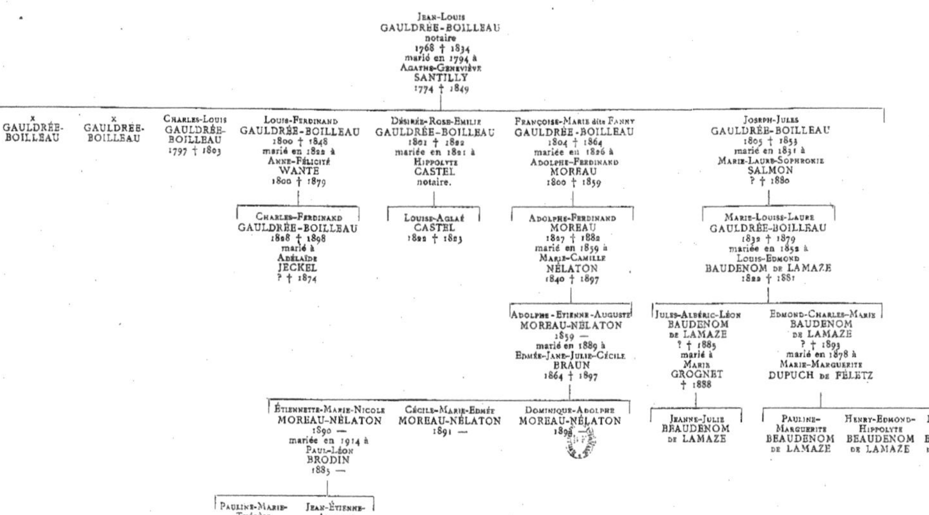

Jean-Louis
GAULDRÉE-BOILLEAU
notaire
1768 † 1834
marié en 1794 à
Agathe-Geneviève
SANTILLY
1774 † 1849

x
GAULDRÉE-BOILLEAU

x
GAULDRÉE-BOILLEAU

Charles-Louis
GAULDRÉE-BOILLEAU
1797 † 1803

Louis-Ferdinand
GAULDRÉE-BOILLEAU
1800 † 1848
marié en 1822 à
Anne-Félicité
WANTE
1800 † 1879

Désirée-Rose-Emilie
GAULDRÉE-BOILLEAU
1801 † 1892
mariée en 1821 à
Hippolyte
CASTEL
notaire.

Françoise-Marie dite Fanny
GAULDRÉE-BOILLEAU
1804 † 1864
mariée en 1826 à
Adolphe-Ferdinand
MOREAU
1800 † 1859

Joseph-Jules
GAULDRÉE-BOILLEAU
1805 † 1853
marié en 1831 à
Marie-Laure-Sophronie
SALMON
? † 1880

Charles-Ferdinand
GAULDRÉE-BOILLEAU
1828 † 1898
marié à
Adélaïde
JECKEL
? † 1874

Louise-Aglaé
CASTEL
1822 † 1823

Adolphe-Ferdinand
MOREAU
1827 † 1882
marié en 1859 à
Marie-Camille
NÉLATON
1840 † 1897

Marie-Louise-Laure
GAULDRÉE-BOILLEAU
1832 † 1879
mariée en 1852 à
Louis-Edmond
BAUDENOM de LAMAZE
1822 † 1881

Adolphe-Etienne-Auguste
MOREAU-NÉLATON
1859 —
marié en 1889 à
Edmée-Jane-Julie-Cécile
BRAUN
1864 † 1897

Jules-Albéric-Léon
BAUDENOM
de LAMAZE
? † 1885
marié à
Marie
GROGNET
† 1888

Edmond-Charles-Marie
BAUDENOM
de LAMAZE
? † 1893
marié en 1878 à
Marie-Marguerite
DUPUCH de FÉLETZ

Étiennette-Marie-Nicole
MOREAU-NÉLATON
1890 —
mariée en 1914 à
Paul-Léon
BRODIN
1883 —

Cécile-Marie-Edmée
MOREAU-NÉLATON
1891 —

Dominique-Adolphe
MOREAU-NÉLATON
1895 —

Jeanne-Julie
BEAUDENOM
de LAMAZE

Pauline-Marguerite
BEAUDENOM
de LAMAZE

Henry-Edmond-Hippolyte
BEAUDENOM
de LAMAZE

Paul-Charles-Edmond
BEAUDENOM
de LAMAZE

Pauline-Marie-Thérèse
BRODIN
1916 —

Jean-Étienne-Anselme
BRODIN
1917 —

Famille SANTILLY.

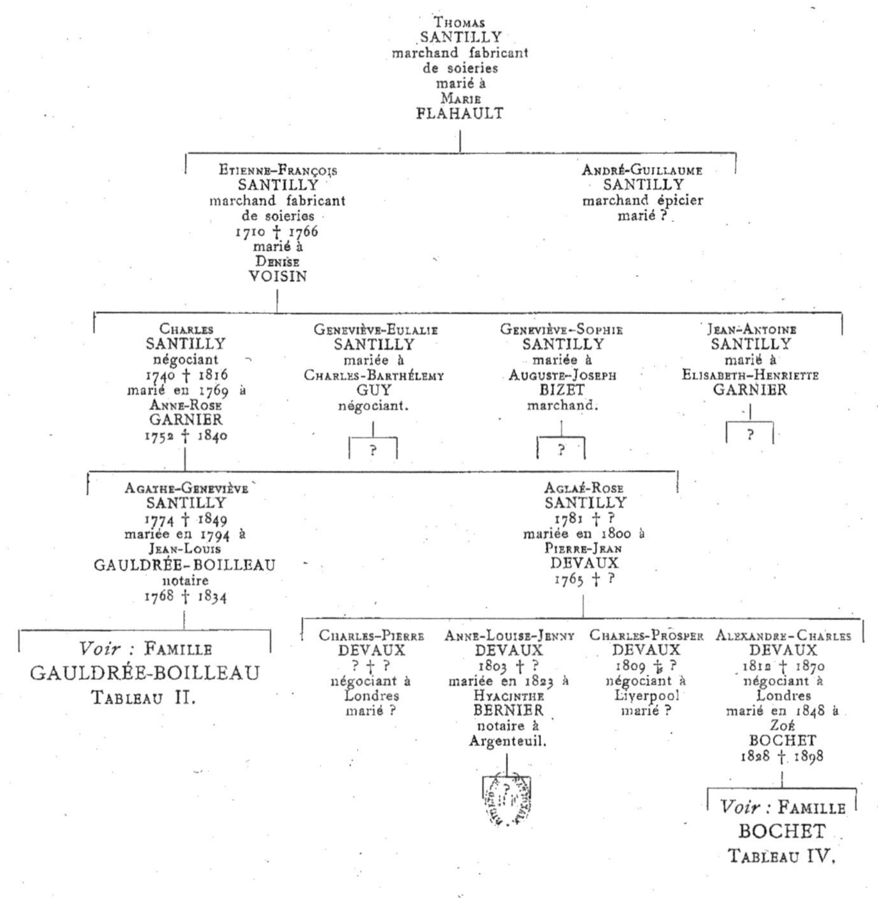
Thomas
SANTILLY
marchand fabricant
de soieries
marié à
Marie
FLAHAULT

Etienne-François
SANTILLY
marchand fabricant
de soieries
1710 † 1766
marié à
Denise
VOISIN

André-Guillaume
SANTILLY
marchand épicier
marié ?

Charles
SANTILLY
négociant
1740 † 1816
marié en 1769 à
Anne-Rose
GARNIER
1752 † 1840

Geneviève-Eulalie
SANTILLY
mariée à
Charles-Barthélemy
GUY
négociant.

?

Geneviève-Sophie
SANTILLY
mariée à
Auguste-Joseph
BIZET
marchand.

?

Jean-Antoine
SANTILLY
marié à
Elisabeth-Henriette
GARNIER

?

Agathe-Geneviève
SANTILLY
1774 † 1849
mariée en 1794 à
Jean-Louis
GAULDRÉE-BOILLEAU
notaire
1768 † 1834

Aglaé-Rose
SANTILLY
1781 † ?
mariée en 1800 à
Pierre-Jean
DEVAUX
1765 † ?

Voir : Famille
GAULDRÉE-BOILLEAU
Tableau II.

Charles-Pierre
DEVAUX
? † ?
négociant à
Londres
marié ?

Anne-Louise-Jenny
DEVAUX
1803 † ?
mariée en 1823 à
Hyacinthe
BERNIER
notaire à
Argenteuil.

?

Charles-Prosper
DEVAUX
1809 † ?
négociant à
Liverpool
marié ?

Alexandre-Charles
DEVAUX
1812 † 1870
négociant à
Londres
marié en 1848 à
Zoé
BOCHET
1828 † 1898

Voir : Famille
BOCHET
Tableau IV.

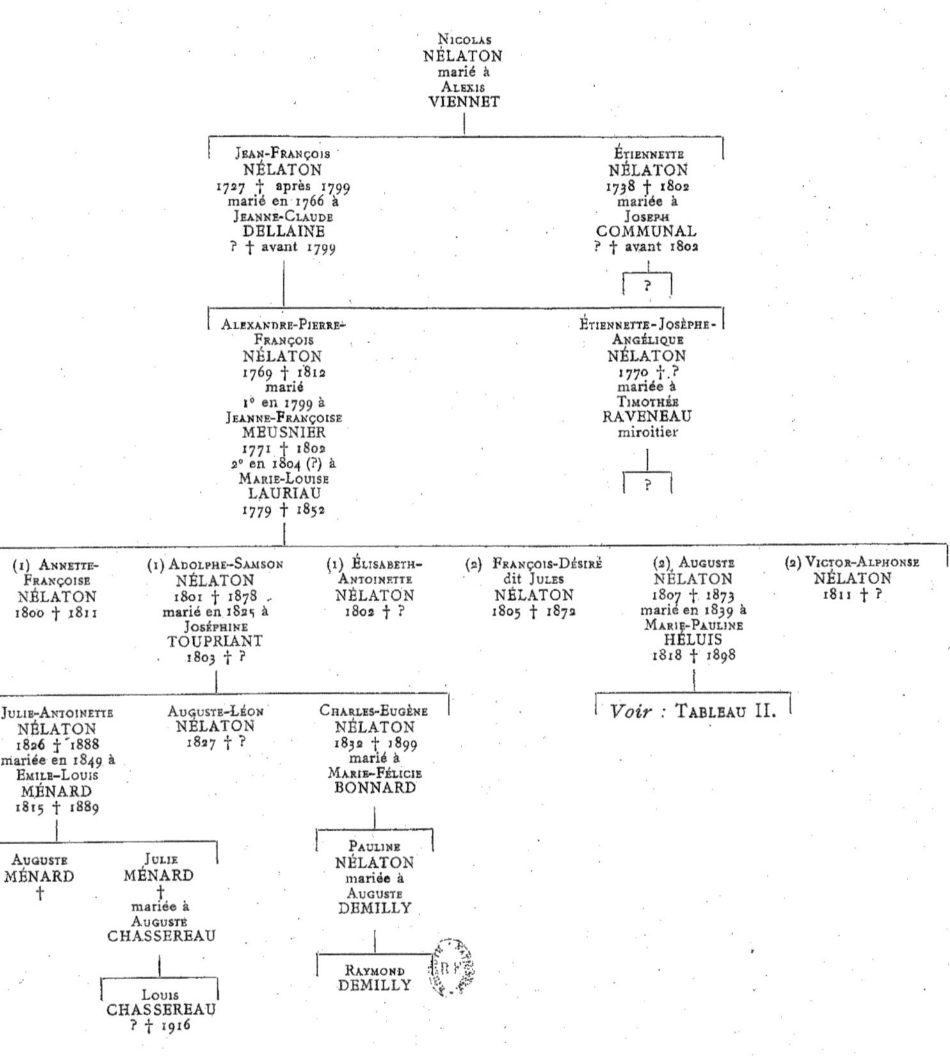
Nicolas NÉLATON marié à Alexis VIENNET

Jean-François NÉLATON 1727 † après 1799 marié en 1766 à Jeanne-Claude DELLAINE ? † avant 1799

Étiennette NÉLATON 1738 † 1802 mariée à Joseph COMMUNAL ? † avant 1802
?

Alexandre-Pierre-François NÉLATON 1769 † 1812 marié 1° en 1799 à Jeanne-Françoise MEUSNIER 1771 † 1802 2° en 1804 (?) à Marie-Louise LAURIAU 1779 † 1852

Étiennette-Josèphe-Angélique NÉLATON 1770 †.? mariée à Timothée RAVENEAU miroitier
?

(1) Annette-Françoise NÉLATON 1800 † 1811

(1) Adolphe-Samson NÉLATON 1801 † 1878 marié en 1825 à Joséphine TOUPRIANT 1803 † ?

(1) Élisabeth-Antoinette NÉLATON 1802 † ?

(2) François-Désiré dit Jules NÉLATON 1805 † 1872

(2) Auguste NÉLATON 1807 † 1873 marié en 1839 à Marie-Pauline HÉLUIS 1818 † 1898

(2) Victor-Alphonse NÉLATON 1811 † ?

Julie-Antoinette NÉLATON 1826 † 1888 mariée en 1849 à Emile-Louis MÉNARD 1815 † 1889

Auguste-Léon NÉLATON 1827 † ?

Charles-Eugène NÉLATON 1832 † 1899 marié à Marie-Félicie BONNARD

Voir : Tableau II.

Auguste MÉNARD †

Julie MÉNARD † mariée à Auguste CHASSEREAU

Pauline NÉLATON mariée à Auguste DEMILLY

Louis CHASSEREAU ? † 1916

Raymond DEMILLY

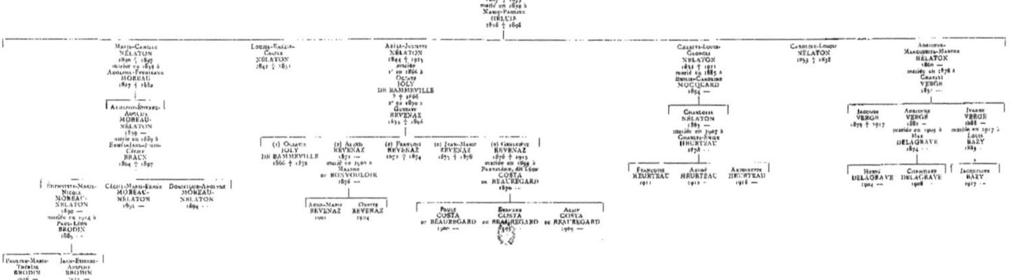

Auguste
NÉLATON
1807 † 1873
marié en 1839 à
Marie-Pauline
HUGUIS
1816 † 1898

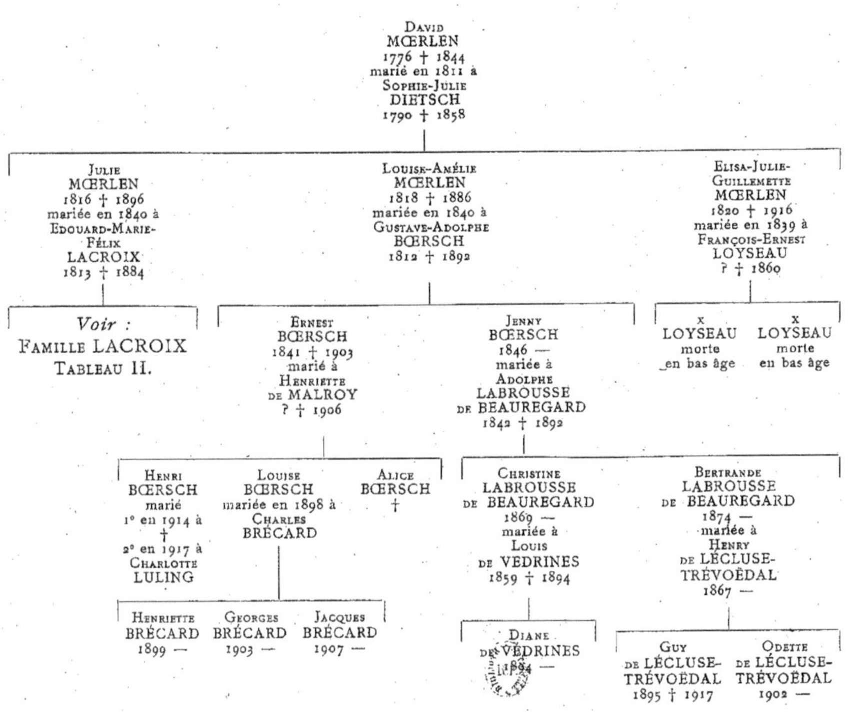
David
MŒRLEN
1776 † 1844
marié en 1811 à
Sophie-Julie
DIETSCH
1790 † 1858

Julie
MŒRLEN
1816 † 1896
mariée en 1840 à
Edouard-Marie-
Félix
LACROIX
1813 † 1884

Louise-Amélie
MŒRLEN
1818 † 1886
mariée en 1840 à
Gustave-Adolphe
BŒRSCH
1812 † 1892

Elisa-Julie-
Guillemette
MŒRLEN
1820 † 1916
mariée en 1839 à
François-Ernest
LOYSEAU
? † 1860

Voir :
Famille LACROIX
Tableau II.

Ernest
BŒRSCH
1841 † 1903
marié à
Henriette
DE MALROY
? † 1906

Jenny
BŒRSCH
1846 —
mariée à
Adolphe
LABROUSSE
DE BEAUREGARD
1842 † 1892

x
LOYSEAU
morte
en bas âge

x
LOYSEAU
morte
en bas âge

Henri
BŒRSCH
marié
1° en 1914 à
†
2° en 1917 à
Charlotte
LULING

Louise
BŒRSCH
mariée en 1898 à
Charles
BRÉCARD

Alice
BŒRSCH
†

Christine
LABROUSSE
DE BEAUREGARD
1869 —
mariée à
Louis
DE VEDRINES
1859 † 1894

Bertrande
LABROUSSE
DE BEAUREGARD
1874 —
mariée à
Henry
DE LÉCLUSE-
TRÉVOËDAL
1867 —

Henriette
BRÉCARD
1899 —

Georges
BRÉCARD
1903 —

Jacques
BRÉCARD
1907 —

Diane
DE VEDRINES
1894 —

Guy
DE LÉCLUSE-
TRÉVOËDAL
1895 † 1917

Odette
DE LÉCLUSE-
TRÉVOËDAL
1902 —

FAMILLE BRAUN. — TABLEAU I.

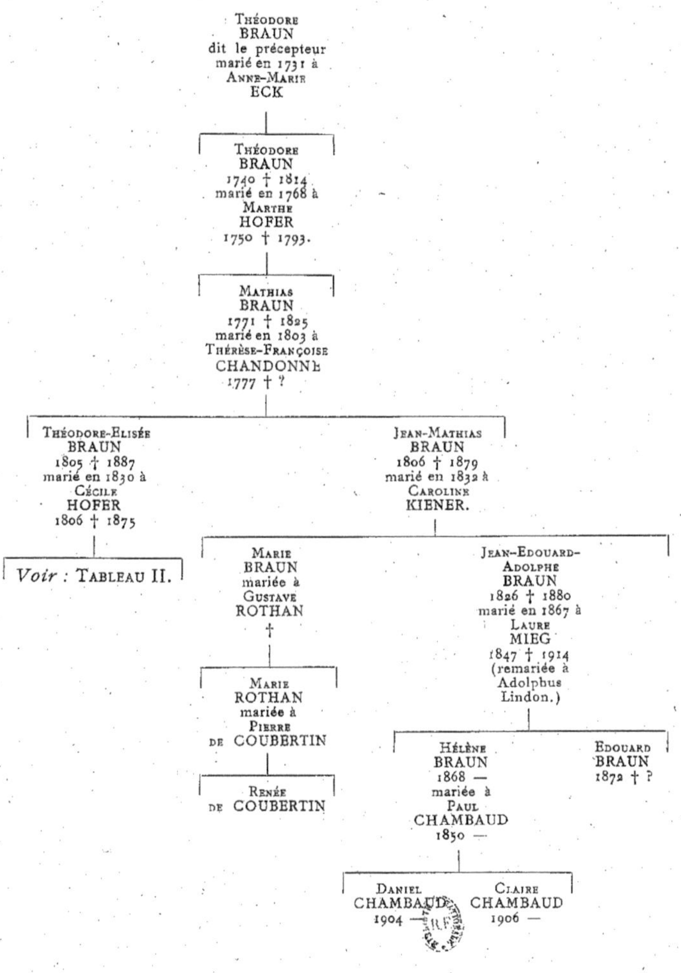

Théodore
BRAUN
dit le précepteur
marié en 1731 à
Anne-Marie
ECK

Théodore
BRAUN
1740 † 1814
marié en 1768 à
Marthe
HOFER
1750 † 1793.

Mathias
BRAUN
1771 † 1825
marié en 1803 à
Thérèse-Françoise
CHANDONNE
1777 † ?

Théodore-Elisée
BRAUN
1805 † 1887
marié en 1830 à
Cécile
HOFER
1806 † 1875

Jean-Mathias
BRAUN
1806 † 1879
marié en 1832 à
Caroline
KIENER.

Voir : Tableau II.

Marie
BRAUN
mariée à
Gustave
ROTHAN
†

Jean-Edouard-
Adolphe
BRAUN
1826 † 1880
marié en 1867 à
Laure
MIEG
1847 † 1914
(remariée à
Adolphus
Lindon.)

Marie
ROTHAN
mariée à
Pierre
DE COUBERTIN

Hélène
BRAUN
1868 —
mariée à
Paul
CHAMBAUD
1850 —

Edouard
BRAUN
1872 † ?

Renée
DE COUBERTIN

Daniel
CHAMBAUD
1904 —

Claire
CHAMBAUD
1906 —

FAMILLE BRAUN. — TABLEAU II.

Famille HOFER.

Famille LACROIX. — Tableau I.

Famille LACROIX. — Tableau II.

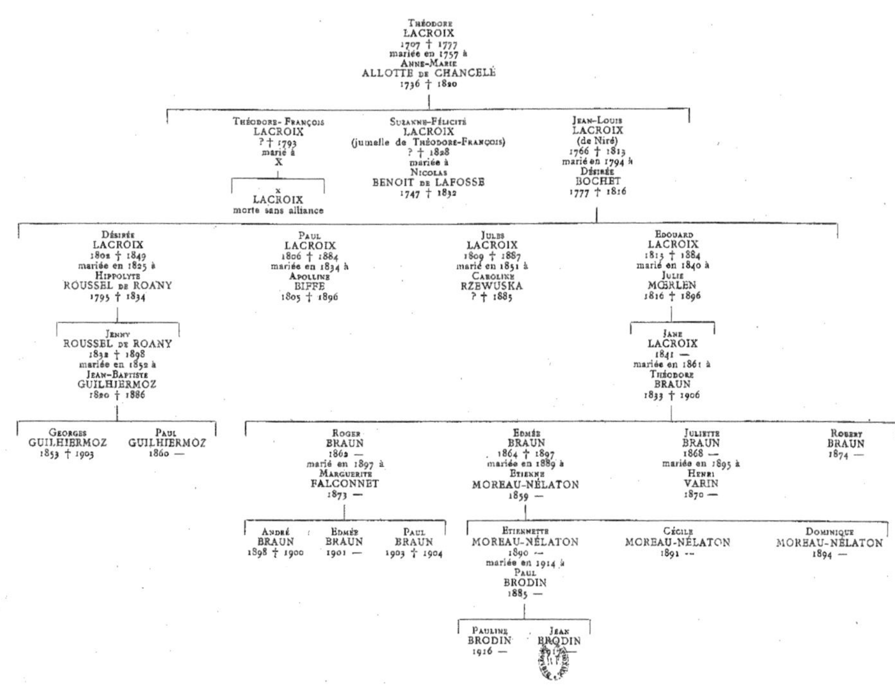
Théodore
LACROIX
1707 † 1777
mariée en 1757 à
Anne-Marie
ALLOTTE de CHANCELÉ
1736 † 1820

Théodore-François
LACROIX
? † 1793
marié à
X

Suzanne-Félicité
LACROIX
(jumelle de Théodore-François)
? † 1828
mariée à
Nicolas
BENOIT de LAFOSSE
1747 † 1832

Jean-Louis
LACROIX
(de Niré)
1766 † 1813
marié en 1794 à
Désirée
BOCHET
1777 † 1816

x
LACROIX
morte sans alliance

Désirée
LACROIX
1802 † 1849
mariée en 1825 à
Hippolyte
ROUSSEL de ROANY
1795 † 1834

Paul
LACROIX
1806 † 1884
mariée en 1834 à
Apolline
BIFFE
1805 † 1896

Jules
LACROIX
1809 † 1887
marié en 1851 à
Caroline
RZEWUSKA
? † 1885

Edouard
LACROIX
1813 † 1884
marié en 1840 à
Julie
MŒRLEN
1816 † 1896

Jenny
ROUSSEL de ROANY
1832 † 1898
mariée en 1852 à
Jean-Baptiste
GUILHIERMOZ
1820 † 1886

Jane
LACROIX
1841 —
mariée en 1861 à
Théodore
BRAUN
1833 † 1906

Georges
GUILHIERMOZ
1853 † 1903

Paul
GUILHIERMOZ
1860 —

Roger
BRAUN
1862 —
marié en 1897 à
Marguerite
FALCONNET
1873 —

Edmée
BRAUN
1864 † 1897
mariée en 1889 à
Etienne
MOREAU-NÉLATON
1859 —

Juliette
BRAUN
1868 —
mariée en 1895 à
Henri
VARIN
1870 —

Robert
BRAUN
1874 —

André
BRAUN
1898 † 1900

Edmée
BRAUN
1901 —

Paul
BRAUN
1903 † 1904

Etiennette
MOREAU-NÉLATON
1890 —
mariée en 1914 à
Paul
BRODIN
1885 —

Cécile
MOREAU-NÉLATON
1891 —

Dominique
MOREAU-NÉLATON
1894 —

Pauline
BRODIN
1916 —

Jean
BRODIN

FAMILLE BOCHET. — TABLEAU I.

JEAN-BAPTISTE
BOCHET
marié à
CATHERINE
BAUDRY

EDME
BOCHET
1742 † 1837
marié en 1770 à
FRANÇOISE-
PHILIPPINE
BELLIER
1746 † 1809

JOSÉPHINE BOCHET 1773 † 1837 mariée en 1794 à JEAN-BAPTISTE DAVÉSIÈS DE PONTÈS 1766 † 1849	CONSTANCE BOCHET 1775 † 1793	DÉSIRÉE BOCHET 1777 † 1816 mariée en 1794 à JEAN-LOUIS LACROIX 1766 † 1813	FÉLICITÉ BOCHET 1778 † 1851 mariée en 1804 à MARIE MARCOTTE DE QUIVIÈRES 1779 † 1852	EDME BOCHET 1783 † 1871 marié en 1812 à ÉLISABETH GALLI 1790 † 1847	DELPHINE BOCHET 1785 † 1876 mariée en 1808 à DOMINIQUE RAMEL 1777 † 1860	CÉCILE BOCHET 1787 † 1865 mariée (1) en 1805 à HENRY PANCKOUCKE 1780 † 1812 (2) en 1816 à LOUIS-PHILIPPE MORANDE-FORGEOT 1777 † 1864
Voir : TABLEAU II.	*Voir :* FAMILLE LACROIX TABLEAU II.		*Voir :* TABLEAU III.	*Voir :* TABLEAU IV.	*Voir :* TABLEAU V.	

(1) HENRI
PANCKOUCKE
1806 † 1884
marié à
JOSÉPHINE
MARCOTTE
DE QUIVIÈRES
? † 1877

Voir :
TABLEAU III.

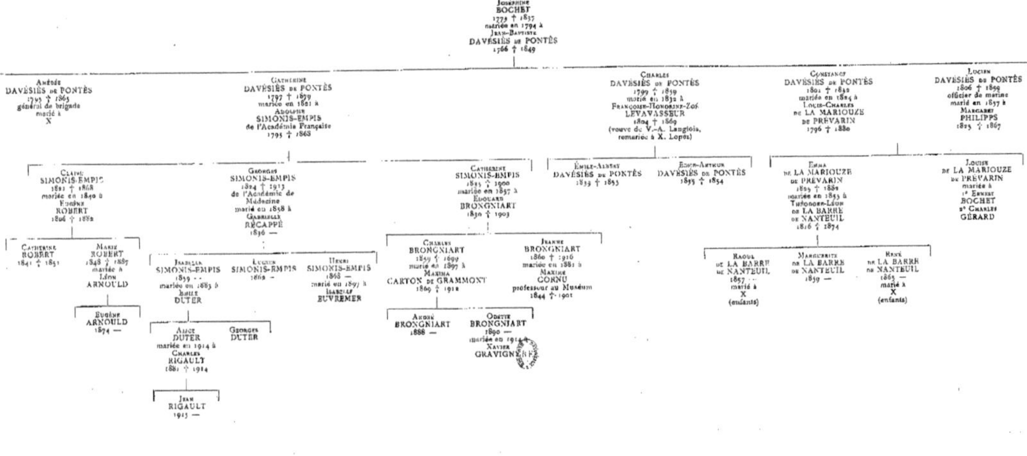

Joséphine BOCHET 1773 † 1837 mariée en 1794 à Jean-Baptiste DAVÉSIÈS DE PONTÈS 1766 † 1849

Amédée DAVÉSIÈS DE PONTÈS 1795 † 1865 général de brigade marié à X

Catherine DAVÉSIÈS DE PONTÈS 1797 † 1879 mariée en 1821 à Adolphe SIMONIS-EMPIS de l'Académie Française 1795 † 1863

Charles DAVÉSIÈS DE PONTÈS 1799 † 1859 marié en 1832 à Françoise-Honorine-Zoé LEVAVASSEUR 1804 † 1869 (veuve de V.-A. Langlois, remariée à X. Lopez)

Constance DAVÉSIÈS DE PONTÈS 1801 † 1842 mariée en 1824 à Louis-Charles DE LA MARIOUZE DE PRÉVARIN 1796 † 1880

Lucien DAVÉSIÈS DE PONTÈS 1806 † 1859 officier de marine marié en 1837 à Margaret PHILIPPS 1825 † 1867

Claire SIMONIS-EMPIS 1821 † 1868 mariée en 1840 à Eugène ROBERT 1806 † 1882

Georges SIMONIS-EMPIS 1824 † 1915 de l'Académie de Médecine marié en 1858 à Gabrielle RÉCAPPÉ 1836 —

Catherine SIMONIS-EMPIS 1825 † 1900 mariée en 1857 à Édouard BRONGNIART 1830 † 1903

Émile-Albert DAVÉSIÈS DE PONTÈS 1833 † 1853

Edgar-Arthur DAVÉSIÈS DE PONTÈS 1835 † 1854

Emma DE LA MARIOUZE DE PRÉVARIN 1825 † 1880 mariée en 1855 à Théodore-Léon DE LA BARRE DE NANTEUIL 1816 † 1874

Louise DE LA MARIOUZE DE PRÉVARIN mariée à 1° Ernest BOCHET 2° Charles GÉRARD

Catherine ROBERT 1841 † 1851

Marie ROBERT 1848 † 1887 mariée à Léon ARNOULD

Isabella SIMONIS-EMPIS 1859 — mariée en 1883 à Émile DUTER

Lucien SIMONIS-EMPIS 1869 —

Henri SIMONIS-EMPIS 1868 — marié en 1897 à Isabelle EUVREMER

Charles BRONGNIART 1859 † 1899 marié en 1897 à Maxima CARTON DE GRAMMONT 1869 † 1912

Jeanne BRONGNIART 1860 † 1916 mariée en 1881 à Maxime CORNU professeur au Muséum 1844 † 1901

Raoul DE LA BARRE DE NANTEUIL 1857 — marié à X (enfants)

Marguerite DE LA BARRE DE NANTEUIL 1859 —

René DE LA BARRE DE NANTEUIL 1863 — marié à X (enfants)

Eugène ARNOULD 1874 —

Alice DUTER mariée en 1914 à Charles RIGAULT 1881 † 1914

Georges DUTER

André BRONGNIART 1888 —

Odette BRONGNIART 1890 — mariée en 1914 à Xavier GRAVIGNE

Jean RIGAULT 1915 —

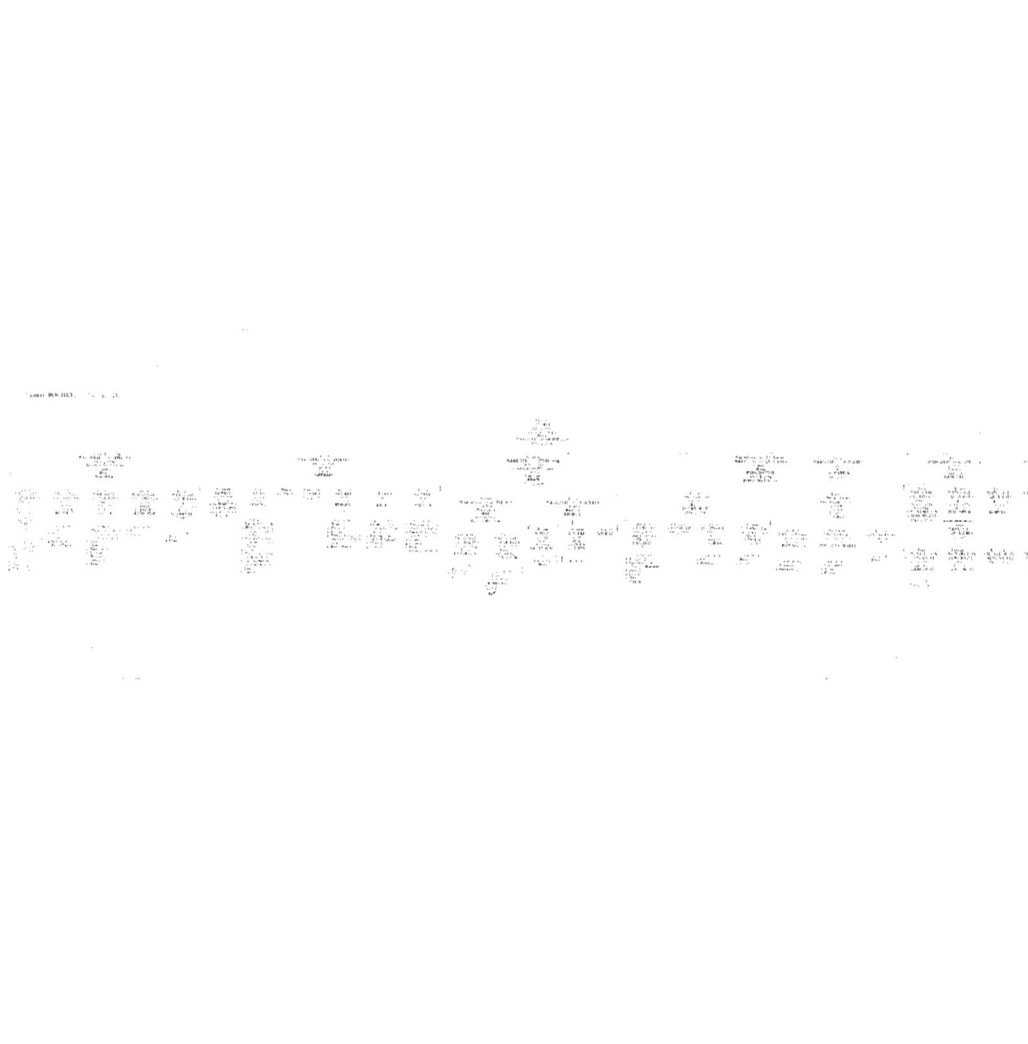

Famille BOCHET. — Tableau V.

Delphine BOCHET
1785 † 1856
mariée en 1808 à
Dominique RAMEL
1778 † 1860

- Delphine RAMEL
  1809 † 1887
  mariée en 1852 à
  Jean-A.-D. INGRES
  1781 † 1867

- Edmond RAMEL
  marié à Irma DON BERNARD
  - Henri RAMEL †
  - Léon RAMEL †
  - Auguste RAMEL marié à X
    - Edmond RAMEL
  - Alfred RAMEL marié à Marie OLLIVIER
    - Georges RAMEL ? † 1907
    - Serge RAMEL

- Adrien RAMEL
  marié à Agatine JUBIN
  - Jeanne RAMEL ? † 1878
  - René RAMEL ? † ?

- Léonie RAMEL
  1823 † 1904
  mariée à Francis GUILLE
  1825 † 1895
  - Fernand GUILLE
    1851 † 1908
    marié en 1898 à Adelina LATOUR
    (veuve Pambia)
  - Isabelle GUILLE
    1853 —
    fille de la Charité

- Mathilde RAMEL
  1822 † 1904
  mariée en 1856 à
  Norbert HACHE
  1810 † 1900
  - Maurice HACHE
    1857 —
    marié en 1898 à Cécile LE GLAY
    (veuve Longueville)
    - Mathilde HACHE
    - Raymond HACHE
    - Edocard HACHE
  - Raymond HACHE
    1858 —
    marié en 1894 à Louisa de GRANDSAIGNES d'HAUTERIVE
    (veuve Lainic)
    - Odette HACHE
    - Norbert HACHE
    - Geneviève HACHE
    - Hélène HACHE
    - André HACHE
  - Hélène HACHE
    1859
    mariée en 1885 à Gustave REYNIER
    1856
  - André HACHE
    1861
    marié en 1904 à Amélie BAUX
    (veuve Gallini)

- Albert RAMEL
  1831 † 1907
  agent du change
  marié en 1870 à Elisabeth DALLOZ
  - Sabine RAMEL
    1871 —
    mariée en 1900 à Albert FOUQUES-DUPARC
    - Pauline FOUQUES-DUPARC
  - Anne RAMEL
    1873
    mariée en ... à Edmond RIANT
    - Elisabeth RIANT

www.ingramcontent.com/pod-product-compliance
Ingram Content Group UK Ltd.
Pitfield, Milton Keynes, MK11 3LW, UK
UKHW020040080726
13614UKWH00004B/1883